Komm mit,
wir entdecken den
Frühling

Die Frühlingssonne
weckt die Natur

Julia und Lucas freuen sich. Heute ist der erste warme Frühlingstag. Vergessen sind Schmuddelwetter, Regen und Graupelschauer der vergangenen Wochen. Der letzte Schnee ist geschmolzen. Darunter ist die Natur längst aus ihrer Winterruhe erwacht. Die Frühblüher zeigen schon ihre Knospen und öffnen die ersten Blüten. Auf Spaziergängen durch den Stadtwald entdecken die Kinder Märzbecher, Leberblümchen, Buschwindröschen und Veilchen. Die Kätzchen von Weiden, Birken und Haselnusssträuchern brechen auf und blühen. Fast alle Tiere beenden nun ihren Winterschlaf. Die Haselmaus krabbelt aus dem Erdnest, Kröten und Schmetterlinge erwachen aus der Winterstarre und auch der Igel wird munter. Die Singvögel, die im kalten Winter bei uns ausgeharrt haben, beginnen mit der Balz.

Als Julia und Lucas den Kuckuck rufen hören, wissen sie, dass die ersten Zugvögel aus wärmeren Gegenden zurückgekehrt sind. „Kuckuck, Kuckuck, ruft's aus dem Wald", singt Julia und Lucas ergänzt: „Frühling, Frühling, wird es nun bald."

Frühling im Garten

Nun wollen Julia und Lucas nicht mehr in der Wohnung hocken. Sie holen Fahrrad und Inliner heraus und toben draußen herum. Gerne helfen sie Oma und Opa im Garten. Die Beete werden abgedeckt und die alten Blütenstände der Stauden entfernt. Als Erstes blühen im Garten die Blüten der Zwiebelgewächse. Julia hat mit Oma im Herbst ganz viele in die Erde gesteckt. Krokusse, Tulpen, Osterglocken und Narzissen entfalten ihre Blütenkelche. Die ersten Hummeln kommen aus ihren Erdlöchern und auch die fleißigen Bienen beginnen mit ihrer Arbeit. Oma schneidet die Rosen. „Damit sie kräftige junge Triebe bilden."
Im Frühbeet zieht Oma empfindliche Pflanzen vor und Julia sät Sommerblumen aus.

Erst nach den Eisheiligen werden sie ins Freie gesetzt. Dann werden auch Möhren und Radieschen direkt ins Beet gesät. Lucas hilft Opa den Zaun zu streichen. Alles soll genauso frisch werden wie die Natur. Das Frühlingsfeuer im Kleingartenverein vertreibt den Winter endgültig.

Der Teich im Frühling

Pünktlich zum Osterfest sind die ersten Entenküken geschlüpft. Die Schwäne haben tief im Schilf ihr Nest gebaut. Sie brüten noch und wollen nicht gestört werden. Julia beobachtet sie mit ihrem Fernglas. „Guck mal, die Haubentaucher haben auch Junge!", flüstert Julia. Sie sitzen auf dem Rücken der Mutter, während der Vater geschickt nach Fischen taucht.

Das Schilf ist schon kräftig gewachsen, Sumpfdotterblumen und Schwertlilien entfalten ihre gelben Blüten. Beim ersten Sonnenstrahl beginnen die Frösche ihr Konzert. Die Männchen blähen sich auf und werben mit lautem Gequake um die Weibchen. Sie springen von einem Seerosenblatt zum nächsten. „Platsch, der Sprung ging daneben!", grinst Lucas.

Kröten wandern nachts an ihre Laichgewässer. Das Überqueren der Straße kann für sie lebensgefährlich sein. Tierschützer haben Zäune aufgestellt, sammeln die Kröten dort ein und tragen sie auf die andere Straßenseite.

Die Vögel nisten

Im Mai kommen auch die anderen Zugvögel aus ihren Überwinterungsgebieten zurück.
Schon früh am Morgen singen sie ihre Lieder. Wenn die ersten Mücken tanzen, haben auch Schwalben und Mauersegler wieder genug Nahrung. Julia und Lucas beobachten, wie die Mauersegler geschickt ihr Nest unter der Dachrinne bauen.
Das frische Grün der Bäume und Sträucher bietet vielen Vögeln einen guten Schutz für die Nester und Gelege. Nun sind die Eierräuber unterwegs! Besonders Marder und Iltis, aber auch Katzen schätzen Vogeleier als Leckerbissen.

Der Kuckuck baut kein eigenes Nest. Er legt seine Eier in andere Vogelnester. Meist schlüpft das Kuckuckskind zuerst aus und wirft alle anderen Eier aus dem Nest. Trotzdem haben die kleinen Teichrohrsänger immer noch viel Mühe, diesen Nimmersatt durchzufüttern. „Ganz schön faul, die Kuckuckseltern", findet Lucas.

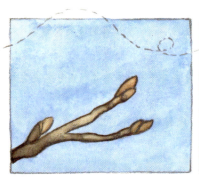   

Blütenzauber

Märchenhaft wird es im Frühling, wenn die Obstbäume blühen. Über und über sind sie mit zartrosa Blüten übersät. Auf den Obstbaumplantagen blühen fast alle Apfelbäume gleichzeitig. Als ein Windstoß durch die Kronen fährt, stehen die Kinder plötzlich in einem Schneesturm aus Blütenblättchen. Ein feines Summen liegt in der Luft. Die Bienen sammeln fleißig Honig und bestäuben dabei die Blüten. Nur so können aus den Blüten Äpfel heranwachsen. Auf einem Bauernhof wird frisch gestochener Spargel verkauft. Mit Kartoffeln, Butter und Schinken isst ihn die ganze Familie gern. Der Bauer hat auch zwei Bienenstöcke. Er zeigt den Kindern eine Honigwabe und eine Honigschleuder, mit der er den Honig aus der Wabe herausschleudert.

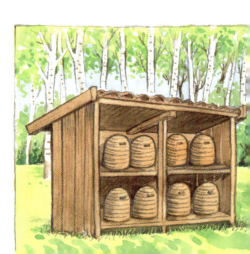

Mama kauft ein Glas Rapshonig. Der heißt so, weil die Bienen ihn hauptsächlich in den Rapsfeldern gesammelt haben.
„Wie sieht Raps aus?", fragt Lucas. Papa zeigt auf ein Feld, auf dem der Raps in voller Blüte steht. Leuchtend gelb heben sich die Blüten vom blauen Frühlingshimmel ab.

Die Stadt blüht auf

An den ersten warmen Tagen bepflanzen die Gärtner der Stadtgärtnerei die Kübel in der Fußgängerzone mit Stiefmütterchen. Auf dem alten Friedhof an der Kirche blüht der Schneeglanz. Zwischen dem Efeu, der über die alten Gräber wächst, stehen blaue Traubenhyazinthen. Hier sitzt Opa gern mit Julia auf einer Bank in der Sonne. Beide genießen die Ruhe mitten in der hektischen Stadt.
Die Eisdielen haben wieder geöffnet und die Cafés bringen ihre Tische auf den Bürgersteig. Am Abend vor dem ersten Mai wird auf dem Marktplatz ein Maibaum aufgestellt. Eine Kapelle lädt zum Tanz in den Mai ein.

Nach den Eisheiligen findet der Geranienmarkt statt. Mama und Oma kaufen rote Hängegeranien für den Balkon. Auch die Sportanlagen werden nun in Ordnung gebracht. Die Zeit des Stubenhockens ist vorbei.
Im Zoo ist Nachwuchs gekommen. Julia und Lucas streicheln die jungen Zicklein. „Wie niedlich!"

Frühlingswetter

Oft ist das Wetter im Frühling schon sonnig und warm. Aber bis zu den Eisheiligen kann es noch stürmen und schneien und sogar noch Nachtfrost geben. Hagelschauer im April und heftige Regengüsse im Mai sind keine Seltenheit. „Schon wieder Regen!", stöhnt Lucas und drückt sich die Nase an der Fensterscheibe platt. Aber Opa sagt: „Mairegen bringt Segen. Das ist eine alte Bauernregel. Die Natur braucht das Wasser, um üppig zu wachsen."
Auf einem Waldspaziergang sehen die Kinder, dass auch Tannen und Fichten austreiben. Die hellgrünen Triebe geben dem sonst etwas finsteren Nadelwald ein frisches und heiteres Aussehen. Irgendwo im Verborgenen bringen Rehe und Wildschweine ihre Jungen zur Welt.

Auf einer Erdbeerplantage bekommen die Kinder einen Korb und dürfen die Erdbeeren selber pflücken. Natürlich wandern ab und zu auch mal welche direkt in den Mund. Lucas sieht man die erfolgreiche Ernte an. „Dir hat es wohl geschmeckt", meint die Bäuerin.

Spiele im Frühling

Im Frühling werden die Tage wieder länger. So bleibt viel mehr Zeit zum Spielen und Toben im Freien. Auf dem Spielplatz sind alle Schaukeln besetzt. Mit Hammer und Säge helfen Julia und Lucas beim Bau eines neuen Spielhauses auf dem Abenteuerspielplatz.

Ostern ist im Frühling das schönste Fest. Verwandte und Freunde treffen sich auf einer großen Wiese im Park zu einem fröhlichen Picknick. Die Eltern haben für die Kinder gefärbte Eier und Süßigkeiten versteckt. Nun heißt es suchen!

Abends spielen die Kinder jetzt wieder gerne Verstecken. Weil niemand Julia in der alten Kastanie findet, beginnt sie wie ein Käuzchen zu rufen. Lucas kennt den Ruf und entdeckt sie.

Als sie in der Abenddämmerung nach Hause gehen, lauschen sie andächtig dem Gesang der Nachtigall. „Wie schön, dass jedes Jahr wieder Frühling ist", sagt Lucas glücklich.

Komm mit, wir entdecken den Sommer

Duftender, leckerer

Gartensommer

Pünktlich zum Sommeranfang blüht das gelbe Johanniskraut. Nun ist der Sommer wirklich da.

Opa hat ein Hügelbeet angelegt. Es wird nun mit Salat und Gemüsesetzlingen bestückt. In der Kräuterspirale zieht Oma viele Kräuter, die ihr Essen immer so besonders lecker machen. Julia und Lucas haben ihr eigenes Beet. Da können sie Möhren, Radieschen und weißen Rettich aussäen. Alle zwei bis drei Wochen gibt es etwas zu ernten.

Am Zaun ranken sich nun Feuerbohnen, Wicken, Zierkürbis und Kapuzinerkresse hoch.

Der Garten verwandelt sich in ein kleines Paradies, in dem nicht nur die Menschen reichlich Nahrung finden.

Johannisbeeren, Himbeeren und Kirschen schmecken auch den Vögeln.
Als die Rosen ihre duftenden Blüten entfalten, muss Julia an jeder Sorte schnuppern. „Oma hat wirklich einen grünen Daumen", sagt Lucas und rupft lachend eine Brennnessel aus.

Am Teich

tanzen die Mücken

Julia und Lucas sitzen an einem heißen Sommertag am Teich. Die große Trauerweide gibt ihnen Schatten. Wie ein glatter, glänzender Spiegel liegt die Wasserfläche da. Kein Lüftchen weht. Nur die Mücken tanzen über dem Wasser. Dann tauchen zwei schöne blaue Libellen auf. Sie jagen sich und verschwinden zwischen dem Schilf.

Auf dem Wasser gleitet eine Schwanenfamilie vorüber. Die Jungschwäne tragen noch ihr flaumiges, graues Babykleid. Träge liegen die Frösche auf den Seerosenblättern. Sie haben gelaicht und nur noch selten quaken sie mit dick aufgeblähten Schallblasen.

Plötzlich kommt Bewegung ins Wasser. „Da! Schau!", ruft Julia aufgeregt. Ein dichter Schwarm Kaulquappen flieht vor einem großen Barsch.

Am Spätnachmittag schließt die weiße Seerose ihre Blüten. Als die Sonne langsam tiefer sinkt, beginnen Schwalben und Mauersegler über dem See mit der Jagd nach Mücken. „Autsch!", ruft Lucas. „Mich hat was gestochen." Julia schaut ihn mitfühlend an. „Tja, Sommerzeit – Mückenzeit!", sagt sie. „Da treten wir wohl besser den Rückzug an."

Geheimnisvoller Sommerwald

An heißen Sommertagen ist es im Wald schön kühl. Das Laub der Bäume ist nun kräftig grün und auch die Maitriebe der Nadelbäume werden dunkler.
Die Sonne dringt nur noch an wenigen lichten Stellen bis auf den Waldboden durch. Hier finden die Kinder Blütenpflanzen wie den giftigen Fingerhut oder das Waldvögelein, eine wunderschöne, leider immer seltener werdende Orchidee. Wo der Wald besonders finster und geheimnisvoll wirkt, wachsen Pflanzen, die den Schatten lieben. Farne und Moose gedeihen dort prächtig.
„Horcht, ein Specht!", sagt Opa. „Der sucht unter der Rinde der Bäume nach Käfern!"

Später stehen sie staunend vor einem riesigen Ameisenhügel, den die Roten Waldameisen aufgetürmt haben. Von einem Hochsitz aus können sie in der Abenddämmerung ein Rudel Rehe beobachten, das über eine Lichtung wechselt. Julia ist begeistert: „Schaut nur, wie groß die Kitze schon geworden sind!"

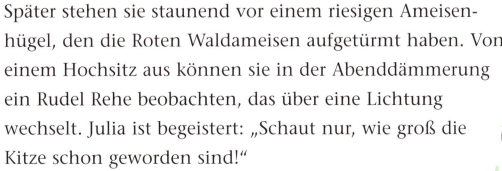

Blumenpracht der Sommerwiese

Von seiner schönsten und buntesten Seite zeigt sich der Sommer auf den Wiesen. Julia und Lucas entdecken Kuckuckslichtnelken, Wiesenflockenblumen, Leinkraut, Odermennig, Nachtkerzen, Klatschmohn, Margeriten und verschiedene Arten von Glockenblumen zwischen den blühenden Gräsern.

Aber schnell ist die Pracht vorbei, denn bald macht der Bauer Heu. Damit werden im Winter die Kühe und Pferde gefüttert, die jetzt auf der Koppel das frische Gras weiden. Nach dem Mähen bleiben auf einem breiten Randstreifen Blumen und Gräser stehen.

Als die Kinder am Wiesenrand entlangwandern, hören sie das Zirpkonzert von Grillen und Heuschrecken.

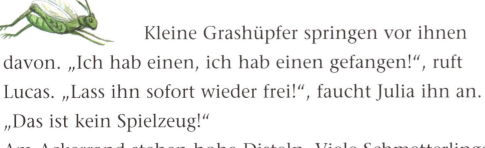

Kleine Grashüpfer springen vor ihnen davon. „Ich hab einen, ich hab einen gefangen!", ruft Lucas. „Lass ihn sofort wieder frei!", faucht Julia ihn an. „Das ist kein Spielzeug!"
Am Ackerrand stehen hohe Disteln. Viele Schmetterlinge geben sich auf ihren Blüten ein Stelldichein.
Sind sie nicht schön?

Die Heide blüht

Julia und Lucas machen einen
Ausflug mit ihren Eltern. Sie fahren
mit der Kutsche bis zum Gasthof Heidekrug. Von dort wandern sie zu Fuß weiter. Zwischen Wacholder, Lärchen und Birkenwäldern erstrecken sich weite Heideflächen und Hochmoore. Die Glockenheide blüht und die Bienen summen. Ein Schäfer zieht mit seiner Heidschnuckenherde vorbei.

Am Waldrand hält Papa die Kinder zurück und macht ihnen Zeichen leise zu sein. Zwei Kreuzottern liegen dort ineinander verschlungen im lichten Schatten. „Vorsicht, giftig!", flüstert er.

Manchmal kann es im Hochmoor ganz schön gruselig zugehen. Denn dort entfaltet der rundblättrige Sonnentau seine Blätter und lockt mit süßem Saft Insekten an, um sie zu verspeisen.
Im Wald wachsen Heidelbeeren und Preiselbeeren. Aber die Kinder dürfen nicht davon naschen. „Hier gibt es Füchse, die verbreiten Fuchsbandwürmer", erklärt Papa.

Sommer in den Bergen

Lucas und Julia sind in die Berge zu ihrem Onkel Toni eingeladen. Er bewirtschaftet im Sommer eine Almhütte. Dort kehren Wanderer auf ihrem Weg zur Hochalm gerne ein und stärken sich mit einer guten Brotzeit. Auch Julia und Lucas machen eine Wanderung. Dabei gibt es viel zu entdecken. In der Nähe eines kleinen Wasserfalls blühen Türkenbundlilien. Auf der Hochalm besuchen die Kinder die Kühe, die den Sommer über hier weiden. Oberhalb der Waldgrenze wachsen auf kargem Boden viele geschützte Pflanzen, darunter Edelweiß, Enzian und Alpenrose. An einem Felsgrat taucht ein Murmeltier auf. Als es die Kinder erspäht, stößt es einen schrillen Pfiff aus. „Ihr habt Glück", sagt Onkel Toni plötzlich und zeigt hinüber zu den Felsen. „Oh, das sind ja Gämsen!", ruft Julia.

Hoch in den Lüften kreist ein Steinadler. Auf einem Felsvorsprung hat er sein Nest.
In der Nacht gibt es ein heftiges Sommergewitter. Der Donner grollt mächtig und zwischen den Bergen hallt sein Echo schaurig zurück. „Ich habe Angst!", jammert Lucas. Aber Julia beruhigt ihn: „Das Haus hat einen Blitzableiter."

Sommersonne an der See

Julia und Lucas lieben das Meer und
sie besuchen jeden Sommer Tante Berta, die auf einer
Nordseeinsel lebt. Da gibt es keine Autos, aber viel frische
Luft. „Die tut euch Stadtmenschen gut", sagt Tante Berta.
Die Insel erreicht man mit einer Fähre. Die Schiffsfahrt
macht Julia und Lucas viel Spaß. Auf einer Sandbank entdecken sie ein Rudel Seehunde. „Sind die süß!", ruft Julia
entzückt.
Der Strand hat wunderbar weißen und feinen Sand. Hier
können die Kinder tolle Burgen bauen. Bei Ebbe finden
sie viel Interessantes, was die Flut zurückgelassen hat. Oft
sind die Möwen schon da und zanken sich um die Beute:
Seesterne, Krebse und Muscheln.

Bei einer Wattwanderung sehen die Kinder Brandgänse, Strandläufer und die lustigen Austernfischer mit ihren roten Beinen und Schnäbeln.
An der Insel führt eine Schifffahrtsroute vorbei. Da können Lucas und Julia richtige Krabbenkutter und Luxusdampfer mit dem Fernglas beobachten. Als die Sonne im Meer versinkt, seufzt Julia: „Ist das nicht romantisch?"

Sommerspaß in der Stadt

In der Stadt ist es nun sehr heiß und der Asphalt flimmert in der Hitze. Die Kinder erfrischen sich in der Eisdiele mit kühlem Eis. In der Schule gibt es immer wieder Hitzefrei und alle sind froh, als endlich die Großen Ferien beginnen. Es ist einfach herrlich, draußen zu spielen. Abenteuerspielplatz, Garten, Park und Stadtwald laden dazu ein. Julia und Lucas dürfen im Garten ein Zelt aufbauen. Sie fühlen sich wie echte Indianer.

Auf dem Abenteuerspielplatz wird gegrillt und die Nachbarn veranstalten ein Straßenfest mit Kinderspielen, Kuchenverkauf und einem Flohmarkt. Lucas zieht die Inlineskates kaum noch von den Füßen und Julia könnte mit ihrer Freundin bis in den lauen Abend hinein auf der Schaukel sitzen.

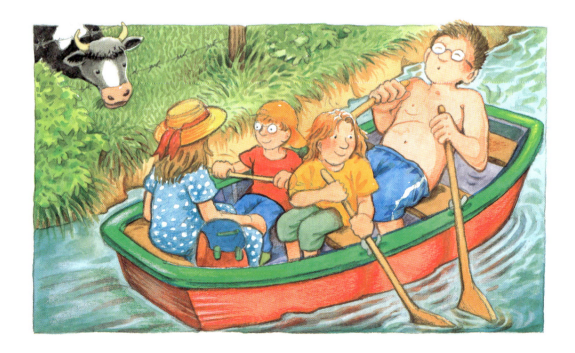

In den Schwimmbädern herrscht jetzt Hochbetrieb. Hier lassen sich die heißen Augusttage aushalten. Die große Wasserrutsche ist ein besonderer Spaß. Beim Badefest gibt es sogar einen Rutschwettbewerb.
Am Sonntag freuen sich die Kinder auf eine Bootsfahrt mit der ganzen Familie auf dem Stadtgraben.
Alle sind sich einig: „Der Sommer ist toll!"

Komm mit, wir entdecken den Herbst

Zugvögel künden
das Ende des Sommers an

Julia und Lucas beobachten mit ihren Ferngläsern die Wildgänse. Die machen am Teich ein paar Tage Zwischenstation auf ihrer langen Reise in den Süden. Auch einige Teichbewohner wie Haubentaucher und Fischreiher werden bald fortfliegen. Ebenso wie Schwalben und viele andere Singvogelarten fliehen sie vor Nahrungsmangel und Winterkälte in wärmere Länder. Sobald die Nächte kühler werden, schließen sie sich in großen Schwärmen zusammen, um dann gemeinsam den Flug dorthin anzutreten.

Viele Lieder, wie das der Nachtigall und auch der Kuckucksruf verschwinden dann bis zum nächsten Frühling.

Gegen Abend steigen die ersten Nebel auf. Julia liebt diese geheimnisvolle Stimmung.
„Es wird Herbst", sagt sie und beide Kinder freuen sich auf diese Jahreszeit.

Herbstarbeiten
im Garten

Im Herbst gibt es im Garten viel zu tun.
Hecken schneiden, Rosen anhäufeln, Beete umgraben und mit Mist und Stroh abdecken.
Am schönsten ist natürlich die Obsternte.
Oma kocht aus den Früchten Gelee und Marmelade.
Aus den Kochäpfeln macht sie Apfelmus.
Das schmeckt Julia gut zu Kartoffelpuffern.
Am aufregendsten ist das Herbstfeuer im Kleingartenverein.
Stockbrot und Würstchen werden darin gebraten.
Zu Halloween wird der dickste Kürbis geerntet.

Oma höhlt ihn aus und macht aus seinem Fruchtfleisch ein leckeres Eintopfessen.
Die Kinder schnitzen dem Kürbis ein Gesicht und stellen Teelichter hinein. Auf der Terrasse grinst er freundlich in den dunklen Herbstabend und vertreibt böse Geister und schlechte Laune.

Erntedankfest

In den nächsten Wochen wird das Getreide geerntet. Die großen Mähdrescher trennen schon bei der Ernte die Getreidekörner vom Halm.

Die Körner werden zur Mühle transportiert und dort zu Mehl weiterverarbeitet. Die leeren Halme werden zu großen Strohballen aufgerollt.

Zum Erntedankfest haben die Bauern auf dem Gutshof einen Altar aufgebaut und mit Obst, Feldfrüchten und Getreide dekoriert.

Höhepunkt des Festes ist das Aufrichten der Erntekrone. Der Pfarrer dankt Gott für die reiche Ernte.

Danach gibt es für die Kinder lustige Spiele, Ponyreiten und einen Wettkampf im Zwiebelzöpfeflechten. Julia hat den längsten Zwiebelzopf geflochten und ist Zwiebelkönigin.

Weinlese

In den Herbstferien besuchen Julia und Lucas Onkel Karl. Er arbeitet auf einem Weingut. Jetzt ist Zeit für die Weinlese.

Die späten Trauben sind besonders süß und geben einen schmackhaften Wein. Sie werden in Körben gesammelt, gewaschen und gepresst.

Aus der Traubenpresse fließt der Saft in große Fässer. Darin wird er gekeltert. In Kellergewölben lagern die Fässer, bis der Wein die richtige Reife hat. Dann wird er in Flaschen abgefüllt und verkauft.

Wegen der gleichmäßigen Temperatur überwintern in den nicht genutzten Kellergewölben Fledermausschwärme. Julia nimmt als Andenken schön gefärbte Weinblätter mit nach Hause, die presst sie in einem Buch und klebt sie später zu den Fotos von der Reise.
Lucas nimmt eine Flasche Traubensaft mit.

Pilzesammeln
im Herbstwald

Im Wald werden die Blätter bunt.
Laubbäume und Sträucher leuchten in warmen gelben,
roten und braunen Farben.

Im Herbst verwöhnt der Wald Tier und Mensch reich mit
Früchten. Sie sind Nahrung für viele Tiere wie Wildschwein,
Haselmaus, Eichelhäher und Buntspecht.

In den taufeuchten Wäldern wachsen nun die Pilze
besonders üppig. Julia und Lucas gehen mit Oma und Opa
zum Pilzesammeln. Opa kennt sich gut aus. Das ist wichtig,
denn nicht alle Pilze kann man essen. Manche sind sogar
so giftig, dass ein einziger Pilz ein ganzes Pilzgericht zu
einer tödlichen Mahlzeit machen kann.

Lucas hat einen schönen Steinpilz entdeckt. Er schneidet ihn dicht am Boden ab und legt ihn in den Korb. Nicht nur Menschen mögen Pilze. Auch viele Waldbewohner wie Wildschweine, Waldmäuse und Schnecken fressen sie gerne.
„Igitt!", ruft Lucas, als Oma einen zerfressenen Pilz aufschneidet und den Kindern die Fraßgänge und Maden zeigt.

Rüben- und Kartoffelernte

Bei Bauer Bosse beginnt die Ernte der Zuckerrüben.
Julia und Lucas dürfen auf dem Rübentrecker mit auf das
Feld fahren. Der große Rübenroder buddelt die Rüben
aus der Erde und schneidet gleich die Blätter ab.
In so genannten Rübenmieten werden die Rüben gelagert.
Einige Wochen lang fahren nun die Rübenlaster mehrmals
täglich zur Zuckermühle.
Dort wird aus den Rüben Zuckerrübensirup gekocht, aus
dem unser Zucker gewonnen wird. Lucas mag Rübensirup
gerne auf dem Frühstücksbrötchen.
Wenn das Heidekraut blüht, werden auch die Kartoffeln
geerntet.

Es gibt unterschiedliche Kartoffelsorten. Feste Knollen sind gut für Kartoffelsalat und Pommes frites und weichere Kartoffeln schmecken lecker mit Soße.
Wenn die Erntemaschinen ihre Arbeit getan haben, sammeln die Kinder der Bauern übrig gebliebene Kartoffeln vom Acker und rösten sie im Kartoffelfeuer.

Blätter und Früchte des Herbstes

Auch in der Stadt hält der Herbst Einzug.
In der Nacht pfeift ein Herbststurm durch die Straßen und schüttelt die Bäume. Früchte und Blätter fallen herab.
Am nächsten Morgen freuen sich die Kinder besonders über die schmeichelglatten, glänzenden Kastanien, die überall auf Plätzen und im Park unter den großen Kastanienbäumen liegen.
Riesige Laubhaufen laden zum Toben ein.
Julia und Lucas sammeln die schönen Kastanien und auch Eicheln und Bucheckern. Die kleinen Bucheckern pulen sie aus der Schale und essen sie. Sie schmecken lecker nussig.
Auch die Eichhörnchen im Park mögen Bucheckern.

Julia und Lucas können sie gut beim Sammeln und Verstecken ihres Wintervorrates beobachten.
Anders als die Waldtiere sind sie an Menschen gewöhnt und gar nicht scheu.
Sie vergraben jetzt Eicheln und Nüsse, um sie im Winter, wenn sie Hunger haben, wieder auszugraben.
„Und das können die sich merken?", fragt Lucas erstaunt.

Herbstspiele

Der Herbst ist manchmal sonnig und
warm, an anderen Tagen stürmisch, regnerisch und kalt.
Aber auch dann sind Julia und Lucas keine Stubenhocker.
Mit der richtigen Kleidung macht das Spielen im Freien
auch zu dieser Jahreszeit viel Spaß.
Der Herbst hat seine eigenen Spiele: Dämme und
Schleusen bauen, mit Oma über Pfützen hüpfen und auf
den abgeernteten Feldern Drachen steigen lassen.
Beim Drachenwettbewerb auf dem Stadtberg flattern
hunderte von schönen Drachen über der Stadt.
Die frühe Dunkelheit lockt zum Laternegehen.
Am schönsten ist der große Umzug des Kindergartens.

An den sternklaren Abenden bestaunen die Kinder die funkelnde Himmelspracht der Milchstraße.
Jupiter leuchtet als Abendstern.
Begeistert betrachtet Lucas mit dem Fernglas den Mond.
Später trinken sie warmen Pfefferminztee.
Julia kuschelt sich an Lucas und flüstert: „Ich finde, der Herbst ist schön."

Komm mit, wir entdecken den Winter

Eiszauber am See

Julia und Lucas stehen staunend am See, der von einer dünnen Eisschicht bedeckt ist. Der erste starke Nachtfrost hat die Oberfläche zufrieren lassen. Nur in der Mitte ist noch ein Wasserloch. Hier schwimmen überwinternde Enten und Schwäne, um die Stelle eisfrei zu halten.

Die feinen Tröpfchen des Nebels sind in der Kälte zu einer Reifschicht erstarrt. Sie überzieht wie Puderzucker Bäume, Sträucher und Schilf. Im Sonnenlicht glitzert sie verheißungsvoll. Wie ein kleines Iglu sieht der Bau der Bisamratte aus.

Julia und Lucas wandern durch diese Winterwunderwelt. Sie lachen über die kleinen weißen Atemwölkchen vor ihrem Mund.

Mit einem Stein testet Lucas, wie fest das Eis schon ist. Ein leises Knacken, ein Plumps, schon ist der Stein versunken. „Nur gut, dass du das nicht warst", sagt Julia lachend und zieht ihren Bruder von der gefährlichen Wasserkante weg.

Ruhepause im Garten

Der Garten legt im Winter eine Ruhepause ein. Die empfindlichen Pflanzen sind abgedeckt. Sie haben es unter Stroh, Tannenzweigen und Rindenmulch schön warm. Viele Singvögel sind fortgeflogen, um in wärmeren Gegenden zu überwintern. Die Amseln machen sich über die letzten Äpfel her, die noch an den entlaubten Bäumen hängen. Auch die Kerne von Sonnenblumen sind eine wichtige Nahrung für die zurückgebliebenen Vögel.
Nach dem ersten Frost stellen Julia und Lucas mit Opa ein Vogelhäuschen auf. Sie staunen, wie viele ihrer gefiederten Freunde noch da sind. Meisen, Amseln, Kleiber, Grünfinken, Dompfaffen und Spatzen freuen sich über die Bereicherung ihres Speiseplans.

Oma erntet nun den ersten Grünkohl und lädt alle Freunde zu einem deftigen Eintopfessen ein. Lucas mag die Wurst darin am liebsten.

Eine harte Zeit für die Tiere im Wald

Für das Rotwild, Wildschweine, Hasen, Wildkaninchen und andere Waldtiere ist der Winter eine entbehrungsreiche Zeit. Vor Hunger knabbern sie an Rinde und Zweigen von Bäumen und Büschen. Im harten Boden fällt den Wildschweinen das Scharren nach Wurzeln schwer. Manches geschwächte Kaninchen wird nun leichte Beute für den Fuchs, den Räuber des Waldes. Schneehasen, Hermeline und Alpenschneehühner schlüpfen zur Tarnung in ein weißes Winterkleid.

Hält der Frost lange an und kommt noch Schnee hinzu, hilft der Förster mit einer Zusatzfütterung aus Heu, Eicheln und Kastanien. Vom Hochsitz aus beobachten Lucas und Julia das äsende Rotwild.

Dem Fichtenkreuzschnabel machen Schnee und Kälte nichts aus. Er findet genügend Nahrung in den Fichtenzapfen, die er geschickt aufknackt.

Der erste Schnee in der Stadt

„Es schneit, es schneit!", jauchzen Lucas und Julia beim ersten Schnee. Die ganze Nacht über ist er vom Himmel gefallen und hat Straßen und Plätze zugedeckt. Warm angezogen stapfen die Kinder am Morgen zur Schule. Sie freuen sich auf eine zünftige Schneeballschlacht.

Die Autofahrer sind nicht ganz so fröhlich. Sie müssen ihre Autos vom Schnee befreien und das Eis von den Scheiben kratzen. In der dunklen Jahreszeit müssen die Autofahrer besonders vorsichtig fahren. Die Kinder tragen helle Kleidung und Blinkis, damit sie besser gesehen werden. Leider hält die weiße Pracht oft nicht lange an. Dann machen Schneematsch und Eisglätte Gehsteige und Straßen zu gefährlichen Rutschbahnen.

Viele Krähen sind aus dem noch kälteren Osten zu uns gekommen und hocken in den kahlen Bäumen.
Ohne Blumenschmuck und das grüne Laub der Bäume sieht die Stadt grau und traurig aus. Aber in der Adventszeit zaubern Tannengrün und Lichterketten Glanz zwischen die Häuserzeilen und vertreiben die trübe Stimmung.

Winter auf dem Bauernhof

Auf dem Bauernhof verbringen die Tiere
den Winter im warmen Stall. Nun fressen sie Heu, Rüben
und Futtermais, die im Sommer und Herbst geerntet
wurden. Die Tage sind kurz und kalt. Fällt der Winter milde
aus, bringt er ungemütliche Regen- und Graupelschauer. Da
sitzen selbst die Katze und der Hofhund lieber in der
warmen Stube.

Wenn Julia und Lucas zu Besuch kommen, gehen sie gerne
zu den Schweinen in den Stall. Zwar riecht es ein bisschen
streng, aber die Schweine fressen freundlich schmatzend die
Futterrüben, die Julia und Lucas ihnen geben.

Die Hühner plustern ihr Gefieder auf. Das ist ein guter
Schutz gegen die Kälte. Julia macht es Spaß, sie auf dem
Hof mit Getreidekörnern zu füttern.

Oben im Heuboden wohnt eine Schleiereule. Viele Eulen ziehen im Winter nicht fort. Sie gehen nachts auf Mäusejagd.
Am Ackerrand neben der Landstraße hockt ein Bussard und lauert auf Beute. Überwinternde Möwen suchen in großen Schwärmen auf den Äckern nach letzten Getreidekörnern.

Spaß und Spiel
in Eis und Schnee

Julia und Lucas toben im Schnee.
Stiefel, Handschuhe und Mützen halten
sie mollig warm. Sie bauen im Garten einen dicken
Schneemann. Am Rodelberg treffen sie sich mit ihren
Freunden zu einer fröhlichen Schlittenfahrt.
Die Eisschicht auf dem See ist nun so dick, dass sie die
Schlittschuhläufer trägt. Julia zieht wie eine Eiskunst-
läuferin ihre Achten. Lucas jagt mit seinen Freunden beim
Eishockey dem Puck hinterher. Den Erwachsenen macht
das Eisstockschießen viel Spaß.
Enten und Schwäne sind an die fließenden Gewässer
umgezogen, die noch eisfrei sind. Dort finden sie auch
jetzt noch Nahrung.

In den Skigebieten werden Pisten und Loipen für die Skiläufer vorbereitet. Am Wochenende gibt es einen großen Ansturm auf Gondeln und Lifte. Nach einem zünftigen Langlauf wärmen sich Lucas und Julia mit Kinderpunsch auf.

Winterschläfer

Lucas und Julia haben es auch im Winter in ihrem Zimmer mollig warm. Mama versorgt sie mit Leckereien. Tiere und Pflanzen aber müssen sich der winterlichen Witterung anpassen. Bäume und Sträucher stellen Nahrungsaufnahme und Wachstum ein. Tiere ziehen sich in geschützte Höhlen und Unterschlüpfe zurück. Winterschläfer wie Hamster, Igel, Siebenschläfer und Haselmäuse schlafen, bis der warme Frühling kommt. Schlangen und Eidechsen verkriechen sich in frostgeschützte Verstecke im Gehölz oder unter Geröllhaufen. Die Kröte gräbt sich tief in die Erde ein. Andere Tiere halten nur eine Winterruhe. An wärmeren Tagen wacht beispielsweise das Eichhörnchen auf und buddelt nach den im Herbst versteckten Eicheln und Nüssen.

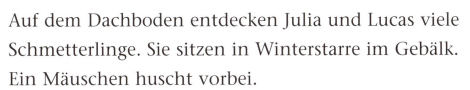

Auf dem Dachboden entdecken Julia und Lucas viele Schmetterlinge. Sie sitzen in Winterstarre im Gebälk. Ein Mäuschen huscht vorbei.
Auch die Feldmäuse schlafen nicht. Unter dem Schnee graben sie lange Gänge. Aber Vorsicht! Eulen, Raubvögel und Füchse lauern!

Feste feiern in der kalten Jahreszeit

Im Winter feiern die Menschen seit alters her besonders gerne. Auf dem Marktplatz wird ein großer Tannenbaum aufgestellt. Girlanden aus Fichtenzweigen und Lichterketten schmücken die Geschäfte und Verkaufsstände auf dem Weihnachtsmarkt. Jetzt ist das Weihnachtsfest nicht mehr weit. Für Julia und Lucas ist es das schönste Fest im Jahr.
„Es ist so feierlich", findet Julia.
„Und wir backen leckere Kekse", sagt Lucas.
An Silvester beeindruckt die Kinder das große Feuerwerk. Schläfrig bestaunen sie den bunten Raketenzauber.
Am Dreikönigstag ziehen sie verkleidet mit anderen Sternsingern von Haus zu Haus.

Das letzte große Fest im Winter ist Karneval oder Fasching. Lustig verkleidet und geschminkt sehen Julia und Lucas beim Karnevalsumzug zu. Von den bunten Wagen fliegen Bonbons zu den Schaulustigen hinunter. Lachend stopfen die Kinder sich die Taschen und Münder voll. So macht der Winter ihnen Spaß!

Bianka Minte-König, in Berlin geboren, studierte Pädagogik und Publizistik und promovierte in Literaturwissenschaften. Seit 1980 ist sie Professorin für Medien- und Literaturpädagogik.
Neben einem Kindertheater leitet sie verschiedene Kindergartenprojekte und Theater-AGs. Seit 1996 veröffentlicht sie erfolgreich Kinder- und Jugendbücher. Mit ihrer Familie lebt sie in einem alten Bauernhaus in Braunschweig, direkt neben einem Europa-Naturreservat.
Wer Lust hat, Bianka Minte-König im Internet zu besuchen, ist herzlich eingeladen unter:
www.biankaminte-koenig.de

Hans-Günther Döring, 1962 geboren, musste ein paar Umwege in Kauf nehmen, bevor er sein Hobby zum Beruf machen konnte. Heute ist er ein viel beschäftigter Illustrator von Bilderbüchern und Trickfilmen. Er unterrichtet außerdem Jugendliche und Erwachsene in figürlichem Zeichnen. Die Natur liegt Hans-Günther Döring besonders am Herzen. Wenn er nicht am Zeichentisch sitzt, unternimmt er gerne ausgedehnte Wanderungen und Fahrradtouren, bei denen der Fotoapparat oft zum Einsatz kommt. Mit seiner Frau und seinen zwei Töchtern lebt er in Drestedt, vor den Toren Hamburgs.

Minte-König, Bianka/Döring, Hans-Günther:
Komm mit, wir entdecken die Jahreszeiten
ISBN 3 522 43438 2

Konzeption und Text: Bianka Minte-König
Illustrationen: Hans-Günther Döring
Einbandtypografie: Michael Kimmerle, Stuttgart
Innentypografie: Bettina Wahl, Salem
Schrift: Meta, Stone Serif
Reproduktion: Photolitho AG, Gossau/Zürich
Druck und Bindung: J.P. Himmer GmbH, Augsburg
© 2003 by Thienemann Verlag
(Thienemann Verlag GmbH), Stuttgart/Wien
Printed in Germany. Alle Rechte vorbehalten.
5 4 3 2 1*   03 04 05 06

Thienemann im Internet: www.thienemann.de

Komm mit ...
Tolle Bilderbücher, die neugierig machen und Kinderfragen beantworten

ISBN 3 522 43224 X

„Komm mit in den Kindergarten", rufen Lena und Niki allen Kindern zu, die bald selbst in den Kindergarten kommen und gerne wissen möchten, wie es dort zugeht. Wer mit Niki und Lena in das Buch hineinspaziert, erlebt mit ihnen den bunten Kinderalltag. Die Neugier auf diesen wichtigen Lebensabschnitt wird geweckt, und Ängste müssen gar nicht erst aufkommen.

ISBN 3 522 43237 1

Ein Bilderbuch für alle Kinder, die wissen wollen, wie es in der Arztpraxis und im Krankenhaus zugeht. Hier erfahren sie, was z. B. beim Röntgen passiert oder wie lange sie mit Windpocken nicht in den Kindergarten dürfen. Außerdem wissen die Kinder, die dieses Buch kennen, dass die meisten Ärzte sehr nett sind und ihnen dabei helfen, möglichst schnell wieder gesund zu werden.

ISBN 3 522 43272 X

Der Umzug ist für Kinder ein einschneidendes Erlebnis. Nicht nur weil viel Arbeit und Aufregung damit verbunden sind, sondern hauptsächlich weil es auch gilt, die Freunde und die vertraute Umgebung zu verlassen. Die Eltern von Max und Anna wollen umziehen. Alle freuen sich auf die neue Wohnung. Nur Anna ist traurig. Schließlich muss sie von ihrer besten Freundin Abschied nehmen ...

ISBN 3 522 43265 7

Auf welcher Straße darf man Gummitwist spielen? Was muss man beachten, wenn man aus dem Bus steigt? Wo überquert man am besten eine viel befahrene Straße? Je besser sich Kinder auskennen, desto sicherer können sie sich selbst im Verkehr bewegen. Tim und Lara zeigen allen Kindern, wie man sich im Straßenverkehr zurechtfindet, ohne Angst, aber mit Vorsicht.

ISBN 3 522 43300 9

Am ersten Schultag ist zuerst einmal alles neu: die Lehrerin, die Mitschüler, die ungewohnte Umgebung. Was passiert eigentlich, wenn man in die Schule kommt? Dieses Buch gibt Antwort darauf, indem es in vielen lustigen Bildern und Texten darstellt, was Kinder im ersten Schuljahr alles erleben. So entsteht ein buntes Bild, das Ängste abbaut und Lust auf Schule macht.

ISBN 3 522 43311 4

Was gibt es Schöneres als die Vorweihnachtszeit? Für Max und Anna steckt der Dezember voller Überraschungen und spannender Vorbereitungen: einen Adventskranz binden, Kekse backen, Wunschzettel schreiben, Päckchen packen, das Krippenspiel einstudieren, einen prächtigen Weihnachtsbaum aussuchen und vieles mehr. Dieses Buch stimmt jeden auf die Weihnachtszeit ein.

ISBN 3 522 43401 3

Ferien in den Bergen – das ist ein riesengroßes Abenteuer! Blühende Almwiesen, geheimnisvolle Höhlen und tiefblaue Bergseen warten nur darauf, erkundet zu werden. Julia und Lucas sind begeistert. Und am Ende der Ferien fällt der Abschied schwer. Aber vielleicht kommen sie ja im Winter wieder – zum Skifahren und Rodeln?

THIENEMANN